SOUVENIR

D'UN DINER D'ADIEU,

OFFERT

Par M^r Ad. MOUREAU,

A SES ANCIENS OUVRIERS,

LE 7 MAI 1860,

ANNIVERSAIRE DE LA FÊTE PATRONALE

DES IMPRIMEURS.

<hr>

SAINT-QUENTIN.

TYPOGRAPHIE ET LITHOGRAPHIE DE JULES MOUREAU

PLACE DE L'HÔTEL-DE-VILLE.

—

Mai 1860.

SOUVENIR D'UN DINER D'ADIEU.

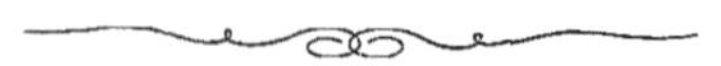

> L'amitié m'anime,
> Amis, c'est cela
> Qu'il faut qu'on imprime,
> Qu'on imprime là.
>
> BÉRANGER.

Le 7 mai, anniversaire de la fête de Saint-Jean-Porte-Latine, patron des Imprimeurs, un cordial repas de famille réunissait à Remicourt, près Saint-Quentin, tout le personnel de l'Établissement typographique et lithographique de Mr Ad. MOUREAU. L'honorable directeur du *Journal de Saint-Quentin*, après avoir remis à son fils, M. Jules MOUREAU, les rênes d'une Maison en pleine prospérité, grâce à son zèle et à son intelligente initiative, avait voulu faire ses adieux à tous ses Ouvriers et saluer l'avènement de son bien-aimé Successeur. C'était le passé et l'avenir se tendant la main dans un toast chaleureux, auquel se joignaient de cœur et de sympathie soixante convives pleins d'entrain et de bonnes dispositions. Le soleil, cet utile complément des plus belles fêtes, dardait ses rayons sur le magnifique jardin où la table avait été dressée avec un goût exquis, et appelait la joie et une franche gaîté qui n'attendirent pas le Champagne pour éclater sur tous les visages.

Mais, dans cette belle journée qu'aucun de nous n'oubliera, il semblait que chacun voulait rivaliser de cordialité et de sentiments affectueux. Tandis que **M.** Moureau allait engager ses convives à prendre place à la longue table du festin, ceux-ci — la reconnaissance est ingénieuse — vinrent lui offrir à lui et à son fils un arbre superbe qui fut planté sur-le-champ, avec une solennité charmante, à l'extrémité du jardin. L'assistance, dans laquelle on était heureux de voir Madame Adolphe Moureau et Madame Jules Moureau, forma un cercle autour de l'arbuste orné d'une étiquette, chef-d'œuvre de typographie, sur laquelle on lisait son nom : *Jean Gutenberg;* puis, au nom du doyen des ouvriers, M Butain, un autre ouvrier également très-ancien dans l'imprimerie, M. Bénoni Dubois, prononça le discours suivant :

Monsieur Moureau,

Veuillez agréer notre témoignage de sincère reconnaissance pour la bienveillante fermeté avec laquelle vous nous avez tracé la voie du travail et du devoir.

Notre souvenir vous accompagnera dans la retraite que vous avez honorablement conquise par votre labeur. Nous vous remercions, au lieu de nous délaisser entre des mains étrangères, d'avoir choisi pour successeur celui que nous aimions lorsqu'il était enfant, que nous avons vu grandir, l'homme qui a su gagner et mériter notre estime. Votre fils, préparé par des études sérieuses à suivre une carrière intellectuelle, a protesté avec les Estienne et les Didot que le métier d'Imprimeur est un art libéral.

Monsieur Jules,

A notre époque de défaillance morale et libre de toute saine tradition, nous sommes heureux d'être les témoins affidés de la preuve de respect que vous donnez pour la profession de votre père.

Dieu a béni ses efforts; il bénira votre piété filiale.

Monsieur Jules, permettez aux anciens de former le vœu que les plus jeunes d'entre nous voient, à leur tour, votre Enfant marcher sur vos traces et imiter votre exemple. Monsieur Jules, notre dévouement vous est acquis désormais; acceptez-le d'aussi bon cœur que nous vous l'offrons.

Comme gage de nos sentimens, chers et bien-aimés Patrons, nous plantons ici cet arbre dont la verdure éternelle est un symbole de notre affection. En mémoire de ce jour, baptisons-le du nom de JEAN, qui le distinguera des membres de sa nombreuse famille de Gutenberg, à laquelle nous tenons à honneur d'appartenir tous.

Vive Jean Gutenberg!!!

Cette allocution, simple et cordiale, qui exprimait si bien la pensée générale, émut profondément les dignes patrons auxquels elle était adressée, et M. Moureau père prit la parole en ces termes :

MESSIEURS,

Je vous remercie des sentimens que vous venez de m'exprimer par la bouche d'un de vos plus anciens camarades.

Je vous remercie également des bonnes intentions que vous manifestez à l'égard de mon fils.

Je vous remercie enfin du gage si précieux pour moi, dont vous avez fait le symbole de ces sentimens et de ces intentions.

En souvenir de vous et de cette journée, je prodiguerai mes soins à l'arbre que vous venez de planter. La tache sera douce pour moi, car elle me rappellera sans cesse la dette de reconnaissance que je contracte envers vous.

Qu'il vive donc! et, qu'attaché au sol par des liens aussi solides que ceux qui unissent nos cœurs, il y pousse de profondes racines.....

Il y a quatre siècles, le monde pleurait la mort de celui qui lui avait prodigué la lumière; il revit aujourd'hui par vos soins!....

Fasse Dieu que le Temps le respecte, comme il a respecté son immortelle invention.

Vive Jean Gutenberg !...

Cette cordiale réponse fut couverte d'applaudissements. Puis, M. Jules Moureau s'exprima ainsi :

MESSIEURS,

Il m'est difficile de trouver, pour vous témoigner ma gratitude, des expressions plus heureuses que celles que vous venez d'entendre. Toutefois, en éveillant en moi le sentiment de la paternité, vous avez touché l'une des fibres les plus sensibles de mon cœur. — C'est ce qui me fait un devoir de vous répondre.

Je vous promets d'élever ce petit enfant qui ne peut prendre part à la fête qui nous réunit aujourd'hui, dans les mêmes sentimens que vous voulez bien reconnaître en moi. Je lui apprendrai de bonne heure à vous aimer, à vivre au milieu de vous. Vous le verrez grandir dans l'imprimerie, vous lui apprendrez son métier. Et, lorsque, devenu homme, il passera devant cet arbre que vous venez de confier à la terre, il aura appris à le respecter, il aura été habitué à le considérer comme le témoignage vivant de l'affection que vous portez à ses parens et qui se perpétuera, je l'espère, jusqu'à la cinquième génération.

Nés tous deux presque en même temps, ils grandiront ensemble, entourés des mêmes soins. Désirer la vie de l'un, c'est souhaiter celle de l'autre; aussi, n'hésiterez-vous pas à répéter avec moi ce cri que vous venez de faire entendre à la gloire de notre maître à tous :

Vive Jean Gutenberg!...

De nouvelles acclamations, de nouveaux applaudissements accueillirent ces bonnes paroles, et ce fut aux cris de *Vive la famille Moureau! Vive Jean Gutenberg!* que l'assistance se dirigea vers la table qui offrait un coup d'œil appétissant.

Les premiers instants d'un repas sont ordinairement assez calmes. L'appétit revendique ses droits et la fourchette exécute avec le couteau, son voisin, un duo monotone. Le dîner de Remicourt fit exception à cette règle, et le potage fumait encore que déjà chacun se sentait à l'aise, la joie était dans l'air et la gaîté dans tous les yeux. Partie d'une des extrémités de la table, l'aimable plaisanterie circula rapidement, comme une traînée de poudre qui s'enflamme. Il est vrai de dire qu'un soleil vivifiant et capiteux, comme un verre de Xérès, échauffait toutes les têtes et inspirait aux convives un agréable entrain. On portait de nombreuses santés auxquelles chacun faisait raison. Le vin coulait à plein bord, les services se succédaient et la verve des causeurs semblait intarissable. Pourquoi ne le dirions-nous pas, les amphytrions de cette belle fête paraissaient si heureux de la gaieté générale, que les braves Ouvriers, héros de la réunion, étaient dans le ravissement.

Cependant, le soleil semblait quitter à regret cette table où rayonnait le plaisir, et le champ de bataille était couvert de morts, nous voulons dire de bouteilles vides qui cédaient la place à de nouveaux combattants venus des meilleurs crûs. On approchait, mais lentement, des doux moments du dessert et bientôt le Champagne, au casque d'argent, a fait son apparition triomphale aux applaudissements enthousiastes des convives. C'est alors que M. Moureau père s'est levé, et chacun s'est découvert pour écouter cet heureux toast qui restera gravé dans tous les souvenirs :

Messieurs,

J'ai été pendant quarante ans appelé à diriger vos travaux. Pendant cette longue série d'années, qui toutes n'ont pas été heureuses au même degré, j'ai pu apprécier les mérites si divers qui vous ont valu les titres les plus sérieux à ma confiance et à mon estime.

Si chacun de vous, dans sa sphère, n'a pu contribuer pour une part égale à la prospérité d'une Maison que vous m'avez aidé à fonder, chez tous, du moins, j'ai su apprécier la même affection, les mêmes qualités du cœur.

C'est la continuation de ces sentimens que je réclame aujourd'hui pour mon fils. Soyez certains, Messieurs, qu'il s'en rendra toujours digne. — En le respectant, vous me respecterez aussi ; en l'aimant, vous m'aimerez. — Je n'exige donc de vous aucun nouvel effort; je vous demande seulement de rester ce que vous avez toujours été: des Ouvriers soumis, probes et laborieux.

Puisque nous sommes réunis aujourd'hui à la même table, cimentons cette union féconde qui doit toujours exister entre le patron et l'ouvrier; et, en attendant qu'une circonstance aussi heureuse nous rappelle en ces lieux, buvons à la prospérité de la Maison.

A la prospérité de la Maison !...

Ont répété d'une seul voix les soixante convives, et tous les verres se sont choqués, au milieu de l'enthousiasme qu'avait fait naître la cordiale allocution de M. Moureau. Lorsque le calme a été rétabli, M. Jules Moureau s'est levé à son tour et, au milieu de l'attention générale, a porté le toast suivant :

Messieurs,

Je vous propose un toast auquel vous vous associerez volontiers, j'en suis convaincu.

Au Travail !...

Sans le travail, pas de patrons, pas d'ouvriers; sans le travail, pas de famille, pas d'honneur, pas de considération.

La paresse et l'inaction n'ont jamais rien produit, que la misère, les privations, souvent la honte.

Buvons donc à l'association de nos forces et de notre énergie, au travail régulier et assidu qui fait les hommes meilleurs en les préservant des séductions du vice, au travail constant qui fonde les bonnes maisons, qui sauvegarde les intérêts, l'honneur et le repos de la famille.

Vous me trouverez toujours le premier sur cette voie si féconde en résultats ; j'espère que vous m'y suivrez comme vous y avez suivi mon père.

Au Travail !...

Accueilli avec des applaudissements prolongés et la sympathique approbation de tous ceux auxquels il s'adressait, le toast de M. Jules Moureau a produit le meilleur effet, tant il est vrai que les nobles cœurs savent comprendre et goûter les bonnes paroles. Mais, le *Journal de Saint-Quentin*, toujours jeune, malgré ses quarante-deux ans d'existence, ne devait pas être oublié dans cette fête de famille, et c'est à M. Félix Ribeyre, rédacteur en chef, qu'il appartenait de provoquer un toast général en l'honneur de ce vaillant organe de la publicité. Voici comment s'est exprimé M. Félix Ribeyre :

Messieurs,

Je bois avec vous à la prospérité du *Journal de St-Quentin*, ce navire du progrès et de la civilisation , dont, pendant plus de trente ans, Monsieur Moureau père a dirigé le gouvernail d'une main ferme et vaillante.

Je bois à vous tous, dignes auxiliaires d'une œuvre grandiose ; à vous, compositeurs et typographes , qui méritez l'honneur d'avoir eu Gutenberg pour parrain et pour compagnon Béranger, l'ouvrier imprimeur de Péronne.

Dans cette belle fête de la reconnaissance, une même pensée nous anime, une pensée de gratitude et d'affection pour l'excellent Patron qui ne nous fait ses adieux que pour revivre dans son fils, si capable de continuer les honorables traditions de sa famille.

Puisse, grâce à votre concours, le *Journal de St-Quentin* posséder, dans dix ans, autant d'Abonnés que l'arbre de Jean Gutenberg comptera de feuilles, et, pour cimenter cette réunion confraternelle, *annexons* nos verres dans un toast cordial :

A la Famille Moureau !!!

Tous les verres ont été vidés à la *prospérité du Journal de Saint-Quentin,* et toutes les voix ont répondu à un appel qui allait droit au cœur. Mais là, ne devaient pas se borner les manifestations de gratitude à l'égard de la famille Moureau, et un digne typographe, M. Henri Lenglet, conducteur de la mécanique, au nom de ses camarades; a pris la parole en ces termes :

MESSIEURS,

Je porte un toast à l'Union de tous les membres supérieurs et serviteurs de la Maison Moureau.

Vous le savez, Messieurs, c'est l'union qui fait la force des nations; c'est l'union qui fait la joie et le bonheur des familles ; c'est encore l'union qui fait la prospérité d'une Maison.

Nous nous sommes toujours unis de corps et de cœur à nos anciens Patron et Patronne; unissons-nous donc plus encore, s'il est possible, à nos jeunes et zélés chefs.

Unissons tous notre bon vouloir et notre intelligence à leur activité et à leurs connaissances, afin de faire avancer toujours davantage leurs établissemens dans la voie du progrès et de la prospérité, qui leur a été si laborieusement et si noblement tracée par leurs bien-aimés prédécesseurs.

A l'Union !...

Le Champagne a pétillé de nouveau pour prouver que les convives s'associaient aux sentiments qui venaient d'être exprimés, et des bravos ont, à différentes reprises, acclamé les cris de *Vive la famille Moureau! Vive Jean Gutenberg!* Enfin, comme les verres n'étaient jamais vides, un des jeunes compositeurs en a profité pour boire : *A l'histoire de l'industrie dans le département de l'Aisne et en particulier dans le rayon de Saint-Quentin,* — attention charmante à laquelle l'auteur du livre surtout s'est associé avec reconnaissance.

Après cette longue et joyeuse séance à la table du festin, les convives ont fait quelques tours de promenade, en attendant le café et les cigares qui, comme on le pense bien, ont

été les bienvenus. Mais, si le Champagne pousse aux toasts,
la liqueur qu'adorait Voltaire inspire la chanson, et, au mo-
ment où le vieux Cognac circulait à la ronde, un des convives
dont nous venons de reproduire la franche allocution, a en-
tonné des couplets de circonstance, dont les paroles étaient
dues au vétéran des typographes de la maison, à M. Butain.
Voici ces strophes :

1er COUPLET.

Permettez-nous, en ce beau jour de fête,
De vous offrir les vœux les plus ardens.
Il nous est doux de vous payer la dette
Qu'ont contractée nos cœurs reconnaissans.
Que de beaux jours prolongent votre vie,
Sous l'ombrage de vos rians berceaux,
Assis auprès de l'Épouse chérie,
Qui bien souvent a partagé vos maux.

2e COUPLET.

Le bon exemple est un remède habile
Qu'un bon patron donne aux ateliers ;
C'est une étoile éclatante et mobile
Pour éclairer le cœur des ouvriers.
Quand un maître travaille sans relâche,
Ses employés deviennent ses rivaux ;
Avec ardeur ils remplissent leur tâche,
Voyant leur chef prendre part à leurs maux.

3e COUPLET.

Vivez heureux ; jamais l'ingratitude,
De notre part, ne souillera nos cœurs ;
Notre respect et notre exactitude
Satisferont vos aimés successeurs.
De Gutenberg, un petit-fils modèle
Veut, de son art, ranimer les flambeaux ;
Pour le progrès, il est rempli de zèle ;
Dieu bénira son courage et ses maux.

4ᵉ COUPLET.

Dieu tout-puissant, dans sa bonté divine ,
Nous a donné pour guide et pour tuteur
Le bon Saint-Jean de la Porte-Latine ;
Restons dignes d'une telle faveur ;
Demain encor, retournant à l'ouvrage ,
Nous reprendrons le cours de nos travaux ;
Mes bons amis, ne perdons pas courage ,
Notre patron soulagera nos maux.

Ensuite, est venu le tour de **M.** Defaux qui a chanté avec
beaucoup de verve un morceau de la composition de **M.** Emmanuel Lambert, que nous sommes heureux de reproduire :

1ᵉʳ COUPLET.

Joyeux confrères , imitons nos aïeux,
Unissons-noûs et chantons à la ronde
L'illustre saint tant estimé de Dieu
Qu'ils ont choisi pour patron en ce monde ;
Comme nos pères , qu'en ce beau jour de fête
Un esprit de concorde nous rallie ,
Et qu'en trinquant chacun de nous répète :
Vivent Saint-Jean et la Typographie !

2ᵉ COUPLET.

Là-haut aussi , au séjour bienheureux ,
Tous les élus vont célébrer la fête ;
La lyre mêle ses sons mélodieux
Aux voix émues des saints et des prophètes.
Amis , sachons profiter de l'exemple
Que veut nous donner la sainte harmonie ,
Chantons gaiement et répétons ensemble :
Vivent Saint-Jean et la Typographie !

3ᵉ COUPLET.

Saluons tous l'auréole de gloire
Dont notre Saint au ciel est couronné ,
De Gutenberg honorons la mémoire ,
Que son génie soit immortalisé !

Pour nos patrons formons des vœux sincères,
Que Dieu leur donne santé et longue vie,
Et reprenons en chœur au bruit des verres :
Vivent Saint-Jean et la Typographie !

4e COUPLET.

Serrons nos rangs, soldats de l'Industrie,
Et combattons sous le même étendard ;
Armons-nous bien contre la calomnie,
N'attendons pas les chances du hasard.
Quand l'ennemi voudra jeter le blâme
Sur notre tâche fidèlement remplie,
Qu'un même cri s'échappe de nos âmes :
Vivent Saint-Jean et la Typographie !

5e COUPLET.

Marchons de front et marchons en bons frères
Dans le chemin qu'il nous faut parcourir ;
Ne levons pas le voile du mystère
Et respectons le secret avenir.
Mais si la Mort vient tout-à-coup dans l'ombre
Jeter sa faulx sur nous, en cette vie,
A son appel soyons prêts à répondre :
Vivent Saint-Jean et la Typographie !

La chanson et surtout le refrain répété en chœur par tous
les convives ont obtenu un succès d'enthousiasme qui ne s'est
calmé que pour laisser entendre un autre chant de circonstance
composé par M. Defaux, ayant M. Boulmé pour interprète.
Voici ces couplets, pleins d'à-propos :

1er COUPLET.

Mes bons amis, chassons vite la tristesse,
C'est la Saint-Jean, il faut nous réjouir,
Et que nos cœurs s'unissent avec tendresse
Pour appeler en ce jour le plaisir.
Que cet instant à jamais mémorable,
En unissant et nos vœux et nos cœurs,
Fasse de nous des compagnons aimables ;
A la Saint-Jean, amis, faisons honneur !

2ᵉ COUPLET.

A Gutenberg, à l'immortel génie,
Buvons, amis, qu'il soit notre étendard ;
Il inventa jadis l'imprimerie,
Elle est pour nous le plus noble des arts.
Chers confrères, qu'en ce jour d'allégresse
Un même cri soulève tous nos cœurs,
Et que l'écho redise notre ivresse :
A Gutenberg, amis, faisons honneur !

3ᵉ COUPLET.

A nos Patrons adressons nos hommages,
Soyons pour eux modèles ouvriers,
Et que nos bras retrempent leur courage
Pour reprendre la tâche à l'atelier.
Qu'ils soient pour nous amis autant que maîtres,
Et nous, alors, avec joie dans le cœur,
Nous nous dirons : il faut le reconnaître,
A nos Patrons, amis, faisons honneur !

4ᵉ COUPLET.

Mes chers amis, que toujours la concorde
Règne en nos rangs et nous rassemble tous,
Si quelque fois se glisse la discorde,
Pour la chasser, amis, resserrons-nous.
Oublions tous nos peines, nos ennuis ;
Que le travail nous donne le bonheur ;
Quoique rivaux, restons toujours unis,
Pour qu'on nous dise : A vous, amis, honneur !

C'était la chanson qui terminait le dîner et les bravos, les *vivats* en faveur de toute la famille Moureau ont éclaté avec plus de chaleur encore. On peut dire que la fin du dîner a couronné dignement cette réjouissance vraiment cordiale et charmante.

Mais, la soirée n'était pas achevée, et les jeux de billard, de cartes, de boules et de tonneau, se sont partagé les convives. Par un accord spontané et généreux, il a été décidé que le produit des jeux serait consacré à une œuvre de bienfaisance, et une petite somme de 18 francs a été versée dans l'escarcelle des Petites Sœurs des Pauvres. Comme si chacun se sentait plus heureux après cette bonne action, la joie a éclaté de plus belle. Un groupe, nullement mélancolique, s'est formé autour d'une table sur laquelle la bière coulait à pleins bords, les chants bachiques sont venus égayer l'assistance et l'allégresse remplissait tous les cœurs. Enfin, il était nuit depuis longtemps, lorsque la société a pris congé de la famille Moureau, emportant un délicieux souvenir de l'aimable accueil qu'elle avait reçu à Remicourt !

En terminant, qu'on nous permette de rapprocher de cette fête de la Typographie, celle à laquelle le chansonnier national, Béranger, assistait à Péronne, et dont il a parlé dans sa Biographie. Nous citons textuellement : « Je me trouvais à Péronne pour une Saint-Jean-Porte-Latine, fête des Imprimeurs : J'allai, avec les ouvriers, porter le bouquet au vieux père Laisney, mon ancien maître, et, paré du bonnet et du tablier de papier, je lui chantai, ainsi qu'à sa femme :

Nos bourgeois, ma toilette est faite,
Avec bonnet et tablier ;
J'ai, pour chanter à cette fête,
Les droits d'un ancien ouvrier.

    L'amitié m'anime.
    Amis, c'est cela
    Qu'il faut qu'on imprime,
    Qu'on imprime là.
      (La main sur le cœur.)

Qu'à travailler chacun s'empresse ;
Savants, prenez le composteur.

Nous autres, courons à la presse :
Tout ira bien sans correcteur.
    L'amitié m'anime, etc.

Saint Jean à qui nous allons boire,
Devrait me reprendre au cassier :
Que l'art qui fait vivre la gloire
N'est-il mon père nourricier !

    L'amitié m'anime.
    Amis, c'est cela
    Qu'il faut qu'on imprime,
    Qu'on imprime là.

Félix **RIBEYRE**,

Rédacteur en chef du Journal de Saint-Quentin.

ONT PRIS PART AU BANQUET

DU 7 MAI 1860

ET ONT SIGNÉ

LE COMPTE-RENDU CI-JOINT.

𝕸essieurs

AD. MOUREAU — JULES MOUREAU et PAUL MOUREAU son fils.
Félix RIBEYRE — Eugène JEANNE — Charles LOBBÉ

TYPOGRAPHIE.

Émile BUTAIN — Bénoni DUBOIS — Henri LENGLET — Emmanuel
LAMBERT — Joseph LÉTOT — Léon CLAISSE — Victor ODIN
Joseph BOULMÉ — Jules GOIN — Jules BÈZE
François POETTE — Alfred DEFAUX — Armand RIGAUX
Louis WELTERS — Étienne DUBOIS
Edmond GANNEAU — Alchior HÉBERT — Joseph GARDIN
Alfred WATELLE — Henri WATELLE — Gustave QUINCAMPOIX
Alfred BÈZE.

LITHOGRAPHIE.

Édouard VEYRAT-DUPAUTEX — Alphonse VILLEMANT — Achille
LOISEL — Antoine LEGRAND — Émile QUERSONNIER
Jean LIPS
Émile KENBERGER — Hubert LALUT

CONGRÈVE.

Louis DELFORGE — Joseph BÈGUE — Jean HANNOTAUX

TOURNEURS DE LA MÉCANIQUE.

HUSSON — CAILLAUX père — CAILLAUX fils — BAUDOUX
WATELLE père, *distributeur du Journal de St-Quentin*
POINTIER, jardinier.